「テコネ」の障害者

佐藤 盛

文芸社

まえがき

私の故郷では、腕の不自由な障害者のことを「テコネ」と呼んでいました。

私の小学校時代は、日支事変・日米戦争と続き、仕事や生活はすべて国のためにといわれた時代でした。戦争の歌や戦時服等、何処へ行っても何をしても戦時色でした。

このような時代に、障害者の援護とか救済などは思いもよらないことでした。

障害者は、不自由な体でも、目的の仕事に就くために、勉強しなければならないと思っていました。不自由な左腕を使う労働仕事は、やはり疲れるので、事務職で仕事をしたいと思っておりました。

そのためには、中等学校くらいは卒業して、会社や役所に勤務したいと考えていました。でも実際には、何度も入学試験に失敗しました。

しかし私はあきらめず努力しました。そのため高校を卒業した時は、すでに二十四歳になっていました。私はこのようにして、自分の目的のために生きてきました。

「テコネ」の障害者◎目次

誕生から幼年期

私は、昭和三年三月、房総半島の和田町で、農家の三男として生まれました。祖母の話によると、生まれつき体が弱く、元気のない幼児とのことでした。それに幼少の頃から、頭に吹き出物があり、包帯をしていたとのことでした。また、子供の頃、盛という名前が気に入らず、何でこんな名前を付けたのか父に聞いたら、父の友人に盛という名前の人がいたからと、答えました。

三歳頃に、手の平の甲に吹き出物ができ、それから左肩が化膿しはじめたそうです。左肩が痛いと泣くので、祖母が鴨川町の東条病院に連れて行ったそうです。東条病院で切開手術をしてから、一ヵ月くらいは祖母が背負い、列車に乗って通院していたと聞きました。両親が盛はどこへ行って来たのかと聞くと「トンネルトオッテ　ノージョエイッタ」と、答えていたと聞きました。

手術後に、左腕が不自由になり、肩より上に上がらなくなりました。その上痩せて細く劣えてきました。終戦後身体障害者の援護制度ができ、身体障害者手帳五級が認定されましたが、その頃は何もありませんでした。

幼年期は障害児なりに、近所の友達と、海辺で砂遊びや海水浴をしました。その他面子遊びや、漫画かき遊びなどをしました。

小学校時代

昭和九年四月、和田町立の小学校一年生として入学しました。入学後学校まで、鞄を背負い下駄をはいて、一キロ余りの道を歩いて往復しました。

一年の担任は、女性の小紫先生で、四十歳くらいに見えました。私のクラスは、男性五十三人だったと思います。同学年の女性は別のクラスでした。

授業の始まりは毎日朝礼からでした。全校生徒が屋外の運動場に集まり、学年ごとに二列になり朝礼の挨拶が行われました。私は背が低いので、前から二番目くらいのところに並んでおりました。十分間くらい校長先生の講和があり、その後クラス別に教室に入りました。教室では毎日出席を取りました。出席簿は、四月から翌年三月まで出生順に作成されておりました。

小学生時代は、卒業までその制度が続きました。私は毎日最後に名前を呼ばれるのがとても嫌でした。

体育の授業は、屋外の運動場でよく行われました。両腕を万歳のように上げて、歩きながら手の平を握ったり、開いたりする体操がよくありました。私と山口君は、いつも休んで見ておりました。彼も腕が不自由のようでした。

毎年四月になると、学校で身体検査が午後から行われました。出席簿の順に、身体検査が行われ、終わった順に帰っていきました。一番最後が私で、前が安田君でした。

安田君とは身体検査の時はいつも一緒に帰りました。

安田君の家が私の家と学校との間にあったので、彼の家で遊んで帰る日が幾日もありました。

私は体育の授業以外は、小学校を普通の成績で卒業しました。

ラジオ体操

二年の担任も女性で、吉野先生と言いました。体育の授業が好きな先生で、午後は体操がたくさんありました。白い「シャツ」に黒の「ブルマー」姿で、活発な先生でした。「チョット、チョット」と生徒を呼ぶのが癖でした。

出席を取る時以外は、名前を呼ばれた記憶がありません。

体育の授業の始めは、まず「ラジオ体操」でした。それから次の運動競技に入りました。ラジオ体操の中で、腕を肩の上に曲げて上げ、さらに上に伸ばす運動がありますが、左腕が上がらず、右手だけを上げました。先生に注意され、理由を説明して認めてもらいました。

私は体育授業が嫌になり、時々欠席するようになりました。体育の成績は最低でした。

その後小学校を卒業するまで、先生が変わる度に理由を説明しました。体育の時間は、だんだん心が暗くなってきました。

鉄棒

校内に鉄棒の設備が、二ヵ所ありました。低い方の鉄棒は、一メートルくらいの高さで、八人が同時に運動できる設備でした。この高さなら腕が不自由な私でも、屈伸運動や、尻上がりはできました。休憩時間には時々行き、運動しました。

高い方の鉄棒は、二メートルくらいの高さに作られており、同時に四人が運動できました。鉄棒の下は砂場になっていました。

体育の時間になると、四人ずつ順番に、懸垂とか尻上がりとか、蹴上りなどを行いました。

懸垂はみんな三回以上はできたのに、私は一回もできませんでした。蹴上がりも尻上がりもできませんでした。私は黙って隅の方で見ているだけでした。

卒業するまで随分練習しましたが、上達しないまま終わりました。

跳び箱

四年生ぐらいから、体育授業で跳び箱の練習がありました。先生の指図で跳び箱の練習をすることになりますと、みんなで用具室から跳び箱の台を五段か六段と、マットを運動場に運び出しました。最初に先生が跳んで見せました。その後一人ずつ順番に跳んで行きました。みんな格好よく跳びました。私の順番になり勢いよく駆け出しました。踏み台から跳び箱を越えようとしますが、腕に力がなくどうしても台の上に腰が落ちて、跳べませんでした。そんな時私は、不自由な左腕を何回もたたきました。

竹登り

体育の時間に、時に竹登りがありました。丸竹の太さは七センチほどで長さは八メートルくらいのものでした。十本ほど立てて、柵に組立ててありました。これを両腕と両足を使って頂上まで登り、下ってくる運動でした。十人ずつ順番に登り、下ってくる。みんなも登って下るのは疲れるようでした。

私の順番になりました。二メートルくらい登ると滑り落ちてしまいました。何回やっても同じでした。

鈴木君や真田君は動作が速く、二人共スポーツ万能の選手でした。私もスポーツの練習をしましたが、上達はしませんでした。

芋植え

秋になると、芋植えの手伝いをしました。家の近くの畑で芋苗を作ります。芋苗作りは堆肥を底に敷き、その上に種芋を置きます。

何日かすると、芋の芽が出てきます。二十センチくらいになりますと、それを刈り取り、苗とします。芋苗を植える場所は、そこから三キロもある大曲という場所でした。

大八車に堆肥と芋苗を積んで、父が前を引き、後ろを母と私で押して行きました。大曲に着くと道路の隅に置きました。それから荷物を背負い五百メートル先の畑まで行きました。畑に着くと私は疲れて休憩しました。

それから鍬で畑を耕しました。畑は泥土で堅く五、六回鍬を入れては休むという状態でした。畑の耕しを終えると畔を作り堆肥を入れました。その後に芋苗を差していきました。

私は、畑を耕す時は、鍬の柄に左手を縛り付けて耕しました。

水田作りから田植え

家から三百メートルくらいのところに、四百坪くらいの水田がありました。五月頃稲の苗代を作ります。三十坪くらいの場所を区切り、耕して籾の種を蒔きます。毎日発育状態を見に行きます。

二十センチくらいに伸びますと、手で握れるくらいに紐で束ねます。束ねた稲の苗を水田に運びます。

苗を植える前には水田を耕します。広い水田は、牛の後に犂を付けてそれを引かせ、水田を耕します。父が犂を持ちました。私は牛の鼻を持って引きながら、水田を歩きました。小さな水田は鍬で耕しました。不自由な左腕には鍬を紐で結び付けて仕事をしました。当時農家はみんな同じように鍬で小さな水田を耕作し、広い水田は牛を使いました。田植えもずい分手伝いました。六月は雨降りが多く、蓑を着ても体が濡れてしまいました。腰も体も疲れました。

小学校を卒業するまで、毎年手伝いました。

稲刈りから脱穀

秋になりますと、稲刈りが始まりました。鎌で一株ずつ刈り取り、三株で束ねていきました。田んぼの中に柵を作り、刈り取った束をかけて、一週間ぐらい乾燥させます。その後柵からはずし、脱穀機で茎から籾を取ります。脱穀機は足踏み回転式で、一束ずつ順に取ります。一日仕事をすると二百キロくらいの籾が取れます。私の家の水田は、六つの場所に分散してありました。

それぞれの場所ごとに、大八車で脱穀機や筵を持って行き、仕事が終わりますと、籾と一緒に家に持ち帰りました。家に運んできた籾は、庭で一週間ぐらい天気の良い日に乾燥します。その後倉庫に格納します。販売する時は籾を玄米にし六十キロの俵詰にします。

この仕事の手伝いで脱穀機を使用すると体中が痒くなりました。

生花作り

秋から冬にかけては、生花作りがありました。当時私の家では、金仙花・菜花・菊の花などの生花を作っていました。土の中に堆肥を入れてから種を蒔きます。その後毎回のように水をかけます。

生長するに従って植え替えしたり、間引をしたりしました。生長して花が咲き始めると咲いた花から順に刈り取りしました。夜になると昼間刈り取りした花の作りをしました。一本ずつ枯れ葉を取り、長さ太さを揃えます。十本ずつ束ね、五十束を茅を編んで作ったむしろで梱包して荷造りをしました。荷造りをした生花を二個ずつ自転車に積んで、和田浦駅まで運びました。

駅から貨物車で、東京の生花市場に出荷しました。

けれども私の家で出荷した金仙花や菊の花は、安い価格で販売されました。五十歳代の郵便配達員が、祖母にはがきを手渡しながら「今日もペンペンですよ」という言葉（不足金のこと）を何回も聞きました。父は花作りが下手だと思いました。近所の人で温室を作り、変わった花を作っては東京の市場以外の地方へ出荷して収入を得ている人がいるとの話を聞きました。

私は、特に夜の花作りは眠くて疲れました。

冬の山林仕事

冬になりますと、山林の仕事がありました。冬のうちに一年間使用する分の薪を取り、保存しました。冬休みや休日に何回も山へ行きました。両親と兄と私で家から三キロぐらい離れた山奥に、家の所有する山林がありました。

大八車を引いて歩いて行きました。道路はほとんど土の道でした。車の通った跡が掘れている道でした。車が通れるところまで行き、そこに車を置いて、それから細い山道を、さらに五百メートルくらい行ったところに家の山林がありました。私は疲れてしまいました。それから木を倒したり、木に登って枝を切り落としたりしました。太い木は、鋸や鉈で一メートル半くらいの長さに切りました。細い枝木は束ねて運び易くしました。材木や束にした枝木は、車が置いてあるところまで何回も担いだり、背負ったりして運びました。

運び出した材木や枝木の束を車に乗せて、三キロの道を押したり引いたりして帰って来ました。

それらの材木は三十センチくらいの長さに切り、さらにそれを細かく割り、薪にして積んで置きます。

当時、ご飯や煮物や風呂の湯沸かしには薪や枝木を燃やして使用しました。

乳牛の飼育

家に乳牛が一頭おりました。宿台集落に農家が三十戸くらいありました。そのうちの約八割が乳牛を飼育しておりました。乳牛は毎日よく食べました。

直径五十センチ、高さ四十センチくらいの桶で、朝・昼・夜と一日三回食べました。桶に入れる飼料は、草や藁を四センチくらいに押し切りで刻んで満杯にして入れました。その他米糠や正油粕などを入れました。四月から八月くらいまで、牛に食べさせるため、毎朝のように草刈りをしました。篭を背負い、鎌を持って水田の畔や畑の土手で草を刈り、篭に入れて帰りました。

牛に餌を与えるのは祖母の仕事でした。九月から三月頃までは、青草がないので乾燥した草や、芋の葉、れんげ草などを食べさせました。牛が子牛を生むと乳しぼりが始まります。一日三回乳しぼりの専門の人が来まして、しぼって置いて行きました。翌朝早く、前回のしぼった牛乳を集落の集荷所に運んで行きます。時々私も自転車に乗せて運びました。私も時々牛の部屋を掃除しました。

風呂の湯沸かし

現在なら、風呂の湯沸かしなど簡単です。水道から水を出し、ガスの火を点火すれば、あとは時間を待てば終わりです。

しかし私の子供の頃は大変でした。風呂の中の古水をバケツに入れ、十メートルくらい先の溝まで両手に持って、十五回くらい運び出しました。次は新しい水を運ぶ作業です。当時はどこの家も井戸を掘り、井戸水で生活していました。

家の井戸は、三十メートルくらい先の畑の隅にありました。何でこんな遠いところに井戸があるのか、祖母に聞きました。

昔家の近くに、何ヵ所か掘ったが井戸から水が出なく、たまたま今のところを掘ったら水が出たのでそこを使用している、との話でした。井戸端で水を汲む時は、ハネツルベを使用しました。井戸のそばに柱を立て、その先に丸太の中心を乗せ、片方に重たい石などを付け、反対側に竿を付けます。竹竿の先に桶が付いております。その桶を井戸に入れ、水を汲み出しました。井戸の水面まで、五メートルくらいありました。桶に入れた水を持ち上げ、バケツに移しました。いっぱいになったバケツを両手に持って、十五回くらい運びました。

それから風呂焚きです。かまどに紙や小枝を入れ、その上に薪を積み、火をつけました。煙突が十センチくらい上にあり、煙が前に吹き出してきました。火吹竹を使い、やっと火が燃え始めました。

こんな仕事を時々しました。

餅つき

一月十日頃になりますと毎年餅つきをしました。

私の田舎では、昔からそのように続けてきたそうです。房総地方では、十二月はまだ暖かい日が続き、餅つきをすると餅にかびが生えるといわれておりました。

餅つきの日が決まると、近所や親戚の人達に手伝いをお願いしました。

当日は朝三時頃より作業が始まります。釜の中に水を入れ、その上に四角い木製の蒸器に、米三升入りの蒸器を三台重ねて、かまどで火を燃します。一時間くらいすると蒸しあがります。

蒸したご飯を臼に入れます。五人くらいで細い杵でご飯を練り、それから同じ杵でつき始めます。私は七、八回で疲れてしまいました。

他の人も、疲れると交替してつきました。次に大きな杵で一人でつきます。私には重くてできませんでした。

つき終わると、座敷のござの上に祖母が餅を雑煮用に広げました。

毎年、餅を十二、三枚つきました。そして大福餅やからみ餅を作りました。みんなも疲れたようでしたが、楽しく過ごせました。

海遊び

私は海の見える町で生まれました。そして海辺まで四百メートルくらいのところに家がありました。

小学校に入学する前から海遊びをしました。私の集落の海岸は、砂浜で海辺まで百メートルくらいありました。日照りの時は砂浜を通り、波打ち際まで行くのに草履をはいて駆けて行きました。海遊びはいつも引潮の時でした。波が静かで、水泳や板乗りが楽しくできました。私は左腕が不自由なため、平泳ぎだけで過ごしました。また引潮になりますと、波打ち際のところどころに穴があり、穴のところを掘ると「ぞろ目蟹」が見つかりました。捕まえて焼いて食べたこともありました。

時には隣の花園集落の海岸へ行きました。こちらの海岸は、海の中に岩がたくさんあり、磯釣りをよくやりました。餌は蜂の子や、磯めを使いました。岩の上から釣り糸を下げました。鯛やかさごを釣りたいのに、ふぐ魚がよく釣れました。ふぐ魚はすぐ捨てました。

水中眼鏡をかけて潜ることもありました。天草や小さいさざえが採れました。天草は家に持って帰り乾燥して寒天を作ったこともありました。その他、たこや磯蟹を捕ったこともありました。

八月中旬を過ぎますと、海が荒くなりました。もう海での水泳は終わりです。

お盆と相撲

毎年お盆になると、夜砂浜で宿台集落の子供だけの相撲大会がありました。でも準備が大変でした。七月になると松明用竹切りを始めました。松明の太さは直径が四十センチくらいで長さが八メートルほどのものでした。宿台集落の小学生は、高等科を含めて二十人くらいでした。

この人数で松明を作りました。川岸や竹林に入り、二センチくらいの太さの青竹を鉈で叩いて切りました。川岸の竹を切って、水田の持主から、土手が崩れるから竹切りを止めろと、叱られたことが何回かありました。

切った竹は二十本くらいずつ束ね、担いで海岸の砂浜までみんなで運びました。運んできた青竹を広げて乾燥させました。この作業が十日以上かかりました。

八月十五日のお盆近くになりますと、いよいよ松明作りです。藁縄を子供達の家から集め、みんなで縄を引きながら、下の方から順に作っていきました。

出来上がった松明は、一メートル半くらいの深さに掘った穴の中に入れて、倒れないように埋めていきました。先の方に縄を四方に張り、支えにしました。松明を作る前に土俵を作りました。麦藁を中に入れ、縄で巻いて作りました。

当日になると、集落の区長さんから寄付をいただき、その金で賞品用のノートや鉛筆を購入しました。夕方になると、松明に火をつけます。子供達は、裸にまわしを付けました。

子供達が相撲を取っている間、各家庭ではお墓に提灯をあげに行きます。お墓に提灯をあげたままにして置き、砂浜の子供達の相撲を見物に行きます。

一時間くらい相撲を見物してから、またお墓に行き、あげた提灯を持って帰ります。

松明が燃えつきると、片付けて帰りました。

松明作りは、大変だけど楽しく過ごせました。

銀杏拾い

宿台集落の高台にお寺がありました。お寺の境内には、崩れて墓標もわからないお墓が、たくさんありました。その境内に一本の大きな、いちょうの木がありました。一メートルくらいの高さのところで、幹の太さが直径一メートル半くらいあり、高さは、三十メートルくらいはあろうかと思われました。

私は、樹齢が千年以上はあると思いました。毎年九月頃に銀杏がたくさんなりました。普段は木から落ちた銀杏を探すのですが、いくつも拾えませんでした。

たまに台風が来た年がありました。台風が通過しますと、昼でも夜でもお寺に駆け付けました。着くとすぐにお墓の間を探しました。他の子供達も数人来ました。

その日は、たくさん銀杏を拾いました。拾った銀杏は、庭の隅の土の中に十日間くらい埋めました。その後取り出し、水で洗い流して乾燥しました。

ざりがに

子供達が、ざりがにを捕まえて楽しそうに遊んでいますが、水田農家にとっては大変なことです。田植えの準備のため水田を耕し、水が漏れないように、土手に土を寄せて畔塗をします。せっかく作った畔に穴をあけてしまい、その穴から水が下に流れて、水田の水が無くなってしまうことがあります。穴に棒や手を入れて捕まえますが、何ヵ所も穴をあけられたときは大変でした。また田植えが終わったあとに、稲の芽や茎をざりがにが鋏で切り取ることもありました。ざりがにがたくさんいる水田は、被害が多くなります。時に石灰窒素を撒くことがありました。そうするとざりがには、一日で死にました。幾日か過ぎると、また回りの水田から入って来ました。私は、ざりがにを何回か食べたことがありました。

柿の実採り

家の前に畑があり、隅の道路際には大きな柿の木がありました。直径が三十センチくらい、高さが十メートルくらいありました。毎年柿の実がたくさんなり、秋には柿の実採りがありました。太い幹は登れないので、三メートルくらいの梯子を架けて登りました。木に紐で体を縛り、手が届かないので竹竿を切り、竹の先を一節割いて棒を差し込み、挟みを作りました。この竹の棒を使い、一個ずつ柿を採りました。一日がかりで七、八十個くらいは採りました。柿は大柿という渋柿でした。渋抜きは毎年祖母が何処かから樽を持って来て、柿を入れたあと、お湯をいっぱい入れ、さらに私の知らない木の葉を入れ、ふたをしました。その後一週間くらい、毎日お湯を入れ替えました。しかしその柿の渋は抜けましたが、おいしくありませんでした。

その後、酒で渋抜きをした柿を食べました。それは大変おいしいと思いました。

川遊び

花園集落との境に、長者川という川が流れていました。夏によく釣りに行きました。餌はみみずに蜂の子を使いました。みみずは家の外にあるお勝手の水たまりで捕まえました。海岸に近い川の沢に、何回餌を投げ入れても鮠《はや》や鮎《あゆ》は釣れませんでした。何を餌にしたら釣れるのだろうと考えましたがわかりませんでした。小学生時代には、とうとう釣ることができませんでした。

釣り以外に、川の中の石を取り除いたりすると、まれに小さな毛蟹やうなぎがおりました。

うなぎは、成長しながら川上に上ると聞いておりましたが、本当かどうか知りません。

川の両岸を見ながら上って行くと、ぐみの実やバライチゴの実がありました。

秋になりますと、あけびの実が熟しているのを見つけたこともあります。また、かぶと虫も捕まえたことがありました。

先輩達との遊び

小学生時代に、宿台集落内で楽しく遊んだのは、石井さんが高等科二年生で野山さんが、一年生の頃でした。私は尋常科四年生でした。戦争ごっこは、集落では戦争のまねかたといい、太さが一センチくらいで、長さが一メートルくらいに切った竹の棒を持って、早く相手を叩いた方が勝ちとなる遊びで、十四、五人くらいが二組に分かれて戦い、海辺の松林の中でお互いに陣地の囲いを作り、攻め合う遊びで、石井さんと野山さんが各々の隊長となり争いました。

べいごまは、ばか貝に似た鉄製のこまで、紐でこまを巻き、紐を引いて投げると廻ります。冬になるとべいごまで遊んだ日が幾日もありました。直径二十センチくらいの金だらいの上に布を敷き、その上でべいごまを数個廻し、相手のこまを外へ出したり、伏せたりすると勝ちとなります。石井さんは、体を右に曲げたり、左に曲げたりして、こまを応援しておりました。べいごま廻しは、石井さんら先輩の家の庭で行われました。石井さん、野山さん、山田さんとみんな愉快な先輩でした。冬に竹馬遊びも幾日か行いました。

宿台集落の石井さんら、友達が何人か集まって、一メートル三十センチくらいの長さに竹を切り、下から十五センチくらいのところに踏み台を作り、固定しました。十人くらいで道路とか、海辺の砂原で駆ける競争をしました。競争中には、倒れたり転んだりしました。みんな楽しく過ごしました。

春先になりますと、けんか蜘蛛遊びをしました。山田さん達と、畑の回りの生け垣で、けんか蜘蛛を捕まえました。（集落では「ホンゴトウ」と呼んだ）棒とか箱の中などに二匹を向かい合わせて、けんかをさせる遊びで、蝿くらいの大きさの蜘蛛が前足を二本横に開き、相手を組み倒し、押されて逃げて行く蜘蛛が負けです。飼は蝿を入れたりしました。販売店から蜘蛛を入れる箱を購入したり、自分で作ったりしました。

夏休みになりますと、休み前に夏休み学習帳が先生から渡されました。週に3日くらい、集落の神社に行き、神社のお堂や庭を掃除し、午前中みんなで学習帳の勉強をしました。

女性も参加して勉強しました。先輩から教わったりすることもありました。勉強に飽きると縄跳びをしたり、相撲を取ったり、勝手に楽しく遊びました。

入学受験

六年生になった時、担任の石井先生から進学希望者の募集の話がありました。私は学校の成績がクラスの中位でしたが、進学希望を持っていました。私は腕が不自由なため、労働仕事は無理と考え、事務員として仕事ができる人になりたいと考えていました。何とかして中等学校くらいは行きたいと思い、父と相談し農業学校へ行くことにしました。

週に二、三回、進学希望者だけ放課後残りました。二時間ぐらい勉強したと思います。

入学試験は、学科試験はありませんでした。

その代わり学校長の発行する学業成績表と調査表を基準にするそうです。試験日には、口頭試問と体育試験が行われました。身体検査終了後、体操や鉄棒がありました。体操や鉄棒は、不自由な左腕のため満足にできませんでした。

やはり入学試験は、不合格でした。私は悲しく口惜しかった。この口惜しさが私の生涯を支えるエネルギーになりました。

小学校高等科

農業学校の入学試験が不合格になったので、仕方なく、小学校高等科に進級しました。当時は小学校に高等科がありました。尋常科六年を修了後、二年間高等科で勉強する制度になっておりました。

四月から中等学校へ入学した同級生は、十人くらいでした。残りの四十人くらいが高等科へ進級しました。中等学校へ進学した同級生は、それぞれの学校の制服を着て、通学しておりました。和田町には、中等学校がありませんでした。館山市、鴨川町、南三原村にありました。そのため中等学校への通学者は、みんな和田浦駅を利用しておりました。

和田浦駅は、私の家と小学校の中間にありました。それゆえ朝夕、中等学校へ進学した同級生と顔を合わせることになりました。

何か自分が人生の敗北者に思えて、辛く悲しくなりました。日が経つにつれて、顔を合わせるのが嫌になり、裏道を通って顔を合わせないように通学しました。

この二年間も、辛く悲しい思い出です。

四月の遠足は、行軍という言葉に変わりました。鴨川町まで、すねにゲートルを巻き、往復歩いた記憶があります。さらに二年の時は、館山市まで歩いて往復しました。

高等科になってから、漁業と農業の実習科目が加わりました。私は家が農家のため、農業実習科目を取りました。学校から三百メートルくらいのところに、実習地の畑がありました。三百坪くらいの広さの砂地でした。実習時間になりますと、畑を耕したり、種や苗を植えたりしました。暑い夏の日、大根の間の草を取ったり、芋のつるを裏返しして草取りをしたり、学校から人尿を天びん棒で担いで運び、大根の肥料にしました。実った大根や芋を担架に乗せて街に売り歩いたことは、忘れられない思い出です。

体操の時間には、ドッジボールをすることがありました。生徒が二組に分かれ、六メートルくらいの枡線を二つ作り、一つのボールを投げ当て、それを受け止められず、いつも当てられては外に出ていました。

また相撲を取ることがよくありました。校庭に土俵を作り、裸にまわしを締めて取りました。郡、市の小学生相撲大会がありました。出場選手の選考を何回かやりました。五人の選手と、三人くらいの補欠が決まりました。大会に参加した同級生は、上位の成績を収めたと聞きました。庄司君、佐野君、石井君は五人のうちに入っていたと、記憶しています。

私は体が小さく、力もなかったので、補欠にもなれませんでした。

高等科二年の時の運動会は、小学生時代の中で一番はりきって行った行事でした。小学生の最上級生で、責任ある作業を与えられて、運動会当日まで、十日間ぐらいの予行演習を行いました。

運動会当日は、運動場に線引したり、運動用具の出し入れや用具揃えをしたり、下級生の場所設定から出場呼び出しをしたりしました。自分が行事に役に立つことが、嬉しかったです。

当時は、出征兵士の見送りがありました。和田町の人の中で、召集令状により誰かが軍人となり、軍隊に入る時、小学校から駅まで見送りに行きました。生徒は総数で七百人くらいでした。日の丸の小旗を各人ごとに振りながら三百メートルくらいを歩いて行き、駅前広場に集合しました。出征兵士が列車に乗り込むと、万歳、万歳の声で送りました。

昭和十六年十二月八日高等科二年のとき、学校で授業の始まる前の朝礼の場で、日米戦争が始まりましたと、校長先生から話がありました。話を聞いて、私は大変なことになったと不安を感じました。

私は中等学校の入学試験が不合格になってから、元気がなく、沈みがちな毎日でした。私の沈みがちな心を支えてくれたのは、同級生の渡辺君でした。放課後に、学校の近くにあった神社の境内で、野球のボール投げをしたり、近くの渡辺君の家で音楽を聞いたり、本を読んだりして、過ごした日が幾日もありました。

再度の入学受験

高等科二年の十二月、将来のことを考え始めました。事務職員で生活するには、やはり中等学校ぐらいは卒業しないと、何処の会社でも使ってくれないだろうと思いました。

翌十七年一月に、水産学校の製造科へ入学を希望しました。担任の石井先生にお願いしました。当時小学校高等科を卒業してから、入学する制度がありました。第二本科といい三年間が修業年限になっておりました。

通常の中等学校は、小学校六年終了後に、五年間の修業年限でした。

小学校から、受験資料の成績表、調査表、身体検査書を水産学校へ提出していただきました。入学試験は、二年前と同じように口頭試問と体操でした。やはり、体操は悪い成績でした。数日後に不合格の通知が郵送されてきました。卒業後、私はどうしたらよいか、途方にくれました。

小学校卒業後

昭和十七年四月から、家の農業を手伝いながら、今後の進路や就職のことを考えていました。どうしたらよいかわからない。家の農業仕事は、兄が引き継ぐことになっていたので、三男の私は当然家を出て、自分で生活しなければなりません。仕事を探さなくては、と思いました。左腕が不自由なので労働仕事は無理でした。事務職員の仕事は、田舎ではありませんでした。つてもありません。

一ヵ月くらい過ぎてから、南三原村に、臣民道場という塾があると聞きました。早速通学することにしました。週二回くらいで、家から三キロぐらいのところにあり、歩いて往復しました。生徒は十人くらいおりました。十畳くらいの座敷に、座テーブルがありました。修業科目は、漢文・国語でした。勉強がつまらなくなりました。どうしたらよいだろうと、思いながら通学しました。そのうち半年あまり過ぎてしまいました。

上京し鉄工所入所

昭和十七年十月頃、近所の人の紹介で上京することになりました。夜間中等学校に通学させてくれる、という話でした。どんな仕事をするのかわからないが、とにかく、今のままではどうしようもないので、話を受け入れることにしました。

徒弟奉公といい、二十歳の徴兵検査まで働き、その後は自由で自分の好きなところに就職してもよい、という約束でした。

上京の日、姉と就職先の主人の息子と三人で、和田浦駅を出発しました。希望と不安、両親との別れの悲しさが重なり合い、複雑な気持ちでした。

両国駅で下車し、タクシーで本所東駒形の主人の家に行きました。工場は川名製作所と表札が出ており、世間でいう町工場で、木造二階建の古家でした。間口が二間で、奥行きが五間でした。一階は工場で、二階が半分住居で、半分物置でした。

使用人は四人おり、私を入れて五人になりました。一階の工場には、旋盤が五台と、その他工作機械が三台ありました。

私に仕事ができるようになれるか、不安になりましたがとにかくやるしかないと決めました。

鉄工所生活

入所後、機械の操作は全然わかりませんでした。住居の掃除と機械の掃除が、最初の仕事でした。週二回くらい、予備校である研数専門学校に通学させてくれました。そこでは英語と数学を勉強しました。都電で、東駒形―浅草―上野―神田と通りました。この通学は、十七年十一月から十八年三月まで続きました。

食事は、主人の家の玄関土間で済ませました。半年くらい過ぎてから、旋盤を使用して仕事をすることになりました。それまでは、雑用をしておりました。最初の旋盤仕事は、鉄ロール削りの仕事でした。私が入所する半年くらい前までは、レザー機械を製作し、販売据え付けをしていたそうです。私が入ってからは戦車の部品とかを製造していると聞きました。鉄の鋳物を一定の太さに削り、磨きをかけたり、一定の長さに切ったりしました。

鉄を削るにはバイトを使用しますが、バイトが欠けたり、摩滅したりすると、自分で作ることもありましたが、それは大変でした。コークスの下に薪を敷き、ふいごで吹いて火を起こし、鉄を溶かして、間に鋼を挟み叩いて固めます。鉄が冷めてから、グラインダーで削って、バイトを作りました。

鉄を削っている時は、鉄の削り粉が目に入り、病院に行くことが何回かありました。また削り屑が腕や顔に飛び散り、怪我をすることもありました。ですから夜風呂に行くと、まず最初は、鼻の穴掃除でした。中が黒く汚れていました。

日曜日の休みは、作業衣の洗濯でした。油で汚れた作業衣は石鹸では落ちないので、釜の中に作業衣とソーダ水を入れ、沸騰させました。それから石鹸を使って洗濯しました。午後は浅草に行き、映画を見ることがありました。

十八年四月頃、先輩の長谷川さんが徴兵検査の後、軍隊に入りました。翌十九年四月頃、さらに先輩三人が徴兵検査後、軍隊に入りました。使用人で残っているのは、私一人になりました。

仕事は毎日同じ旋盤仕事でした。主人の息子の二男と三男の二人が、同じ旋盤仕事をするようになりました。

私は、不自由な左腕を使って、何とか仕事をしてきました。昼間働いて、夜学校に行き、夜中の九時頃には工場の二階に帰って来る。

誰もいない。一人生活が一年近くなりました。工業学校を卒業するまでは、とがんばりました。

向島工業学校

十八年四月から、都立向島工業学校の夜間部機械科に入学することができました。私は子供の頃からの希望がやっと叶った、と思い嬉しかったです。入学に際しては、主人の長男が以前教師をしており、便宜をはかってくれたらしいのです。

同じ鉄工所で働いている三人の先輩は、機械科二年に進級しました。通学コースは、東武線の業平橋から乗り、曳舟で亀戸行きに乗り替え、東あづま駅で下車しました。

この通学は、二十年三月九日の東京空襲で焼かれるまで、二年間続きました。

私が入学した機械科一年は、五十人ほどのクラスで、星野、内田、鈴木君らがおりました。

東京空襲以後、五十数年が過ぎましたが、同級生には未だ誰にも会えません。

クラスの生徒の多くは、昼間働いて、夜学校に来るらしく、授業中に居眠りしているのを時々見かけました。一年の時は、体育授業が屋外の運動場で行われました。ライトを四方から照らして、体操や駆け足をよくやりました。体操の授業に、両腕を上げる動作で、右腕だけを上げて、先生に叱られました。

不自由な左腕のことを説明しました。ところが先生は、「よく不具者が学校に入れたな」と、生徒のいる前で私に罵声を浴びせました。先生の失礼な言葉に、私は全身に怒りが込み上がり、ブルブルと震えがきました。私は両手を伸ばして強く握り締め、奥歯を噛んで、先生に口応えもしないで、我慢しました。

その後、体育の授業の時は、見学願いを出して校庭の隅に立っておりました。

二年になってからは、室内で体育授業をするようになりました。剣道の時間は、剣道具を付け、相対で練習しました。たまたま長身の鈴木君と立ち合いになりました。頭の上から竹刀で叩かれ、気絶したことは忘れられません。

機械科には工業実習がありました。旋盤などの工作機械の操作や、機械工具の使い方などがありました。実習授業で、鉄の丸棒をヤスリがけすることがありました。長さが十センチ、太さが三センチくらいの丸棒を万力で押さえて、六角に削る作業は左腕の不自由な私には、なかなか規定の六角にできず、苦しみ悩みました。また、製図の時間もありました。烏口に墨を付け、線引きなどもしました。

十九年十一月頃から、東京の各地に空襲がありました。夜間授業は、教室の窓に暗幕を張り、光が外に漏れないようにして勉強を続けました。

東京大空襲

昭和十九年十一月頃から、東京他、各都市に空襲があったと、新聞やラジオで伝えられました。時々隣組で、防空演習が行われました。防空頭巾をかぶり、バケツに水を入れて、人が並んでリレー送りをする、そして火を消す作業です。

本所の街がいつ空襲されるか、不安な日々でした。時々米軍機のB二十九が、十機くらいの編隊で南から北へ、東から西へ、いろいろな方向から飛んで来ました。日本の軍用機は、少しも飛びませんでした。各家の前に、防空壕が作られました。近所の横川小学校の周りの住宅が、空地造りのため壊されました。年が明けて二十年になりますと、都内各地で小規模な空襲があったと、話が伝わってきました。

三月九日夕方、今日も空襲警報がラジオで放送されました。今晩は大空襲になるとの話が伝わってきました。私は防空頭巾を背負い、作業服を着て、ゲートルを巻きました。持っているお金全部を作業服に入れました。他に大切な物はありませんでした。夕暮時に、米軍機B二十九が、十機ぐらいずつの編隊で何回も旋回しておりました。

すでに火災を起こしているところがあるらしく、周りの空が赤くなっていました。主人達が家財をリヤカーに積み、横川小学校の玄関わきの教室に運び込みました。私もそれを手伝いました。同様に、隣組の人々も家財を運び込んでいました。横川小学校に入った人々は、二百人ぐらいだと思いました。私は荷物を運び入れた後、道路に出て周囲のようすを見回しました。南の方向から二百メートル近くまで燃えてきました。三、四十人が北の方へ避難して行きました。その他の方角にも、火の粉が上がっていました。建物の影になり、どのくらい離れたところが燃えているかわかりませんでした。私は部屋に帰りましたが、どうしても不安でまた廊下に出ました。小学校に入った近所の人々は、そのまま各教室にいました。私は各教室の窓側を見て歩きました。窓側はみんな、燃えた木材が飛ばされて、窓の外で燃えていました。教室に燃え移るのはもうすぐだと、私は思いました。主人達に、小学校は燃えてしまうことを伝えようとして教室に帰ったが、教室はたたいても開けてくれませんでした。仕方なく私は小学校から、外へ出ようと考えました。運動場の空地なら助かるだろうと思ったからです。

運動場側の教室は、どこも燃え出していました。体育館の窓側で、まだ燃えていない箇所がありました。よかった。私はガラス窓を破って、運動場へ出ました。火の粉と燃えている木材の上を駆け出し、体に付いた火を消しながら溝を探し、横になって入り、火の粉を防ぎました。何とか助かったと思いました。小学校の方向を見ると、体育館や全ての教室の窓から、火が吹き出していました。数時間燃えていました。

何時間か過ぎて、東の空が明るくなってきました。鉄筋校舎の窓から、燃えつきた煙が少し出ていました。私は溝から体を起こして、焼けた教室を見て歩きました。黒くこげて、子供のように小さくなった死体が何百とありました。私はただ泣きました。涙が止めどもなく流れ落ちました。それから私は、工場跡に行きました。焼けて黒くなった機械と、トイレのタイル張りが残っていました。私は半日茫然と座っていました。

午後になって、主人の息子の二男と三男が、工場跡にやって来ました。私は嬉しかった。どうしたらよいか、途方にくれていた時でしたから。主人達の安否を聞きました。

やはり主人夫婦と長男は、小学校の教室に残ったとのことでした。二男以下の兄弟達は、燃えなかった向島の方へ移動して、助かったといいました。

田舎で終戦

東京で戦災後、二日くらい向島の主人の弟さんの家で世話になり、その後、故郷の和田町へ帰りました。米軍機のB二十九の空襲で、日本の都市が次々と焦土と化したと、新聞で見ました。和田町も時々米国艦載機の機銃攻撃を受けました。死傷者も出ました。漁船は、海に出航できなくなりました。私も畑で近所の山田さんの家族と共に、機銃攻撃を受けたことがあります。太い線を引いたように、土煙りが立ったことは、何年過ぎても忘れられません。

海岸に松林がありました。砂防林といい、幹は三十センチくらいの太さの松の木がたくさんありました。紫集落の人達と、松の木を切り、松の根を掘り返しました。この作業が幾日も続きました。松根油を採取し、飛行機のガソリン用として、使用するとの話でした。

また砲台を作るとのことで、町から土運びを割り当てられたことがありました。小浦集落の山の上まで、コンクリート用の砂や砂利を何回か背負って登ったことがありました。軍事教練ということで、竹やりで突く練習もしました。毎日が戦争のことで過ぎて行きました。

八月十五日、終戦をラジオで聞きました。

私はただほっとしました。

製材工場

終戦になって、一ヵ月くらい過ぎてから、兄が軍隊から家に帰って来ました。家の農業の仕事は、父と兄が取り組んでおりました。

私は、家の仕事を手伝う必要がありませんでした。二十年十月頃から、沢田製材工場の仕事をすることになりました。安田君と二人で、沢田さんのところに挨拶に行きました。

立木の伐採と運搬で、製材工場まで運ぶ作業でした。製材工場には、五十歳代の男女が働いておりました。最初の仕事は、小学校の裏山の立木の伐採でした。工場から鋸を借用し、山に登りました。堅木の山林で、太さは十センチくらいのものが多いです。堅木を伐採し、二メートルぐらいの長さに切り、荷車が通る路までの三百メートルを担いで運び出しました。何回も登ったり下りたりしました。それから荷車で工場まで運びました。雨の日は製材工場内での仕事でした。製材所では、機械で二十センチぐらいの長さに切り、鉈で割って薪を作っていました。

薪はバス会社に販売したそうです。当時バスの後ろに円筒を作り、薪を燃やしてガスを起こし、自動車を動かしました。運転手は時々バスを止め、後ろに回って、手でふいごを回して風を起こしていました。坂道を登る時、動かなくなって乗客を降ろし、坂の上まで歩かせて、空車を走らせ、また乗せてバスを走らせたという話を聞いたことがあります。

小学校の裏山の仕事が終わり、二十一年の一月から、南三原村白渚の山林の伐採仕事をしました。家から歩いて三キロもある北見さんの家に行き、北見さんと一緒に近くの山に登りました。この山林の立木は杉の木が多く、太さも十五センチ前後ありました。伐採する場所は崖のように傾斜している所でした。滑りそうになりながら伐採しました。切った杉の木は、柱や板に使用できるように、二メートル半ぐらいに切りました。頂上にワイヤーロープを張り、材木をロープに吊るし、下の方まで運びました。下の方に下ろした材木を道路まで担ぎ出し、道路の隅に積み上げておきました。

荷馬車屋さんが、材木を適当な本数だけ積んで、何回も製材工場へ運びました。

この仕事を三月まで続けました。北見さんには、ずい分お世話になりました。

和田町農業会

二十一年三月、この頃父が農業会の理事をしておりました。たまたま事務の女性が、一人退職して欠員ができましたので、私は父に農業会に入りたいと頼みました。沢田製材工場は道路を挟んで向かい側にあり、いつも農業会の事務員になれたらよいな、と思っていたところでした。四月には、父の紹介で農業会に就職することができました。ようやく事務員になれたと喜びました。業務は農業保険係ということでした。農業保険係とは、水稲が日照りとか、暴風で被害を受けたその被害の程度に応じて、保険金を支給する制度でした。

事務員として勤めたといっても、事務仕事はあまりしないで、雑用が多くありました。農機具の販売とか、肥料や飼料の販売業務が多く、米・麦などの集荷とか、機械で籾摺り作業などもしました。

それに、給料が安く、最初は三十円くらいと記憶しております。戦後のインフレ経済で、漁業従事者は、一日五百円も収入があった人もいたと、聞きました。

物価がどんどん上昇し、予算を何回も補正をしました。私は、不自由な左腕を使って、荷物の集荷や、販売の仕事に疲れました。

和田町役場

農業会の仕事は疲れました。給料が安く、将来の生活が安定しそうにもありませんでしたので、不安が募りました。就職して一年ぐらい過ぎた頃から、役場に就職したいと思い始めました。役場なら職も安定しているし、定年まで働けるからと思いました。不自由な左腕でも労働仕事がないので、事務だけで過ごせると思いました。給料も農業会と比較すると二倍も良いようでした。

親戚の叔父さんが、町会議員をしておりましたので、就職を頼んでおきました。半年ほど過ぎて、二十三年三月、欠員補充がありました。叔父さんの紹介で、役場に就職することができました。やっと安定した役所で勤務できると喜びました。

役場配給係

終戦後三年目、まだ世の中が混乱している時代でした。食料や衣料は、配給制度によって行われました。

私は配給係の補助員として働くことになりました。通帳や切符を役場で発行し、登録された商店から品物を購入します。

通帳や切符を配布する方法は、町内の各集落会長を通して回覧版を回し、配布日と場所を通知しました。文書は鉄筆で原紙を切り、ローラーに墨を付け、刷っていきます。町の人から、字が汚いとか、文書が悪いとか、苦情を受けました。米の代替えに麦や芋や砂糖が入荷し、配給したことがありました。芋や砂糖が米の代わりになるかと、苦情がきました。

国や県に米が不足しているので、町役場ではどうすることもできない、と答弁することが何回もありました。調味料や衣料の配給は、それほど苦情がきませんでした。みんな我慢をしたのだと思いました。

半農・半漁の町なので、物物交換もあったことと思います。米の配給制度は、何年も続きました。

役場衛生係

衛生係は、小学生の流行性感冒の予防注射の手伝いをします。その他、町の清掃指導もありました。結核患者の調査及び報告で保健所へ連絡をし、健康指導をしていただきました。たまたま小浦集落で、赤痢病にかかった人がいました。ただちに保健所と医師に連絡し、役場職員四人で住宅の消毒に行きました。手押し噴霧機に消毒液を入れ、家の回りを消毒しました。それが終わりますと、隔離病棟の掃除と消毒をしました。隔離病棟は、役場から一キロぐらいのところにありました。海岸の松林の中にあり、通常は空家になっておりました。隔離病棟に入院させると同時に、住込み看護婦一名を手配しました。看護婦は、食事や洗濯などの身の周りのことをしました。私は医師と共に、毎日一回行きました。その他食料品なども、運んだ記憶があります。

十日ほどで健康になり、退院しました。
疑似赤痢とのことでした。役場は、いろいろなことをするところだと思いました。

役場税務係

税務係の補助をすることになりました。税務係は、町の国定資産税及び、住民税の計算と賦課・徴収をする仕事です。

国定資産税の計算は、土地台帳及び建物台帳の前年までのものに、その年に変動のあったものを加減して整理をします。整理した台帳にもとづき、税率を掛け、税額を算出します。住民税は、前年の税務署計算の所得額と、町役場申告の所得額を基準として税率を掛けます。その他、均等割等を加算して算出します。そして、税額の納付書を個別に郵送しました。税額が納付期日までに納付されない時は、督促状を送りました。督促状を送っても、納付しない人がたくさんおりました。税務署の所得査定に対する不平・不満や、隣近所との比較の不平・不満と、いろいろありました。

二十六、二十七年と、私は町税の滞納整理員となりました。先ず滞納者名簿のカードを作りました。

最初に、納付年度の古い滞納税金がある家庭を訪れました。税金を納付できない理由の説明を聞きました。ある家庭は、主人が病気になり収入がないと言われました。分納でもよいからと、少し税金を徴収しました。

一番問題になったのは、A漁業者で会計士が経理を行い、二年か三年赤字決算となり、そのため、住民税所得割の納付金額がありませんでした。このため漁業関係者で、不平・不満をいう人が多くなり、住民税を滞納する人が増加してきました。A漁業者の課税方法を説明しても効果がありませんでした。私は税務主任にその旨を報告しました。税務主任は町長に報告しました。町会議員から会議の度に、税金の滞納整理の進行状況を質問されたそうです。

その後町長と、A漁業者との間で特別住民税を査定し、納付したらしいです。

私は毎日、町内を廻りましたが、効果はあまりあがりませんでした。何回か廻るうちに、冗談で税金の鬼が来た、といわれるようになりました。町の仕事に誇りを持って働いてきましたが、疲れてきました。

館山高校定時制

役場に就職して仕事をしているうちに、夜の時間を使って何か勉強したくなりました。空襲のため、向島工業学校を二年で中断しことが残念であり、心残りでした。そこで、高等学校の通信教育を受けることにしました。第一に、国語から始めることにしました。国語の教科書、その他必要書類を取り寄せ、勉強を始めました。通信レポート作成をしたりしましたが、なかなか授業が進まず、半年が過ぎてしまいました。

秋頃から、館山高校に定時制の夜間部を設置しようとの運動が起こりました。発起人の方々は、大変苦労したことと思います。

二十四年四月から、定時制商業科として発足することになりました。修業年限は四年間でした。開校時、本人の学歴や希望申告で書類審査の上、入学許可になりました。一年から三年まで、同時入学でした。私は二年に入りました。今度こそ、卒業するまで頑張ろうと思いました。

二年は一クラスで、四十人くらいでした。クラスの中に、小学校時代に同級生の間宮君がおりました。懐しく、また嬉しかったです。彼は館山駅に勤務しており、夕方仕事を終えて学校に行き、帰りは私と同じ終列車で和田浦駅で下車し、家に帰りました。私は役場の仕事が終わってから、和田浦駅より館山駅に行き、下車して学校へ行きました。私が学校に着くと、六時半になり毎日遅刻でした。帰りは九時までの授業を列車の都合で、八時半に早退しました。毎日遅刻・早退の繰り返しでした。それでも卒業まで、三年間頑張りました。卒業した時、私は二十四歳になっておりました。四年に進級してから、自転車を購入しました。大切な授業や試験の時は、自転車で学校まで行きました。十二キロぐらい走りましたが、六時までに教室に入ることができました。帰りも自転車で帰りました。時々帰りに、間宮君に自転車を館山駅で荷物車に乗せてもらい、和田浦駅で降ろしてもらいました。その当時は、お世話になりました。

体育の授業は、校庭でバレーやバスケットをする時間がほとんどでした。体操や跳び箱などがなかったので、不自由な左腕で悲しむことはありませんでした。

何かクラブ活動をやろうと考えました。四年生になって珠算部を作ろうと思い、クラス内で希望者を募集しましたが、誰も賛同してくれる人はいませんでした。三年生以下のクラスに行き、募集したら十人ほどの入部者が出てきました。週に一回会合することにしました。商業数学の林先生に、珠算部の顧問をお願いしました。商工会議所の珠算検定試験が、六月と十一月に木更津市で行われました。一級から六級まで区分されておりました。試験には、昼間部の生徒達と一緒に行きました。昼間の生徒は、五十人くらい行きました。大勢で行くので賑やかで、楽しく過ごしました。私も受験し、四級まで合格しました。

三級も受験しましたが、計算伝票めくりが左腕を使用するので、不自由な左腕のため動作が遅く、三級はどうしても合格できませんでした。

大学受験

前年、役場を退職して千葉商科大学に入学し、一年生で通学している庄司さんがおりました。たまたま本人に会い、大学の授業状況などの話を聞きました。私は試しに、入学試験を受けてみたくなりました。

商科大学の学生募集要項を取りよせ、二十七年一月、入学試験を受けました。試験科目は、英語・国語と記憶しています。合格発表日は、庄司さんが大学に行き、合格一覧表に記載されていると、連絡してくれました。

数日して、合格通知書を受け取りました。このまま役場勤務を続けるか、大学へ入学するか、なかなか決断がつきませんでした。学費は二年間通学するぐらいは、蓄積しておりました。三月に入り、やはり役場を退職して大学に入学することにしました。苦しい事が重なると思いましたが、合格したからには、人生やれるだけやってみようと決心しました。

千葉商科大学

昭和二十七年四月より、千葉商科大学商学部に入学しました。家から三時間あまりかけて通学しました。九時から授業が始まる時は、朝五時頃に家を出ました。和田浦駅から乗車し、千葉駅を通り過ぎ市川駅で下車しました。市川駅から国府台の山に向かって、一キロぐらいの道を歩いて行きました。山の頂上が学校でした。

戦後七年過ぎても、まだ戦争の傷跡が残っていました。校舎は、兵舎の跡を使用したらしく平屋作りで、床はコンクリート敷きでした。

校庭の隅の方には、馬屋が残っておりました。当時学部は商学部のみで、一年生は三百人ぐらいおりました。履修科目は、出来上がっている時間割表にのっておりました。全員が同じ科目の授業を受けるわけです。ただし、語学の時間は、ドイツ語履修者とフランス語履修者とに分けて授業をしました。

先生においては、記憶しているのは二人おります。

一人は国文学の先生で、近眼で本を眼鏡にくっつけながら講義していました。学生の顔も恐らく見えなかったでしょう。源氏物語などの講義の時は、天井を向いて一人で感心しておりました。記憶しているもう一人の簿記の村瀬先生は、何も持たないで、ポケットに手を入れて講義し、ノートを取らせました。次の講義の時間は、学生に前回の講義の箇所を聞き、それから講義を始めました。まるで頭の中に簿記の本が入っているようでした。

通学時に、家から生花を持って市川駅まで行き、それから市川市の生花市場に持って行ったことがあります。また、通学列車の中では、本を読んだり、列車に乗り合わせた人の顔を書いたり、居眠りをしたりして過ごしました。

夏休みになりました。役場の近所に岡田さんという人がおりました。この人の紹介で、アルバイトをすることになりました。

漁業経営者の植田さんは、乗組員が二十人ぐらいの漁船を二隻持っており、魚屋をしておりました。また鯖節の加工工場がありました。

私は岡田さんの手伝いで、二ヵ月間鯖節工場で働くことになりました。漁船が鯖を港に水揚げすると、漁業会で入札されます。

植田さんは鯖を買い入れると、東京の魚市場に出荷したり、鯖節工場に運んで来たりしました。鯖節工場に運んできた鯖は、大きな釜でゆで、ゆでた鯖を女性達四、五人が内臓や頭を取って、セイロに並べます。かまどで火を燃やし、その上にセイロを四、五段重ねます。煙がセイロの中を通って、鯖節ができます。薪を燃やすので、工場の中は煙だらけになりました。

休憩時間は屋外に出て、深呼吸をしたり、叔母さん達と話をしたりしました。仕事をした日は、鼻の中が黒くなりました。肺も黒くなったかと心配でした。二ヵ月は我慢して仕事を続けましたが、岡田さんはその後も仕事を続けておりました。

一年生の時も、夏休みに二ヵ月アルバイトをしました。南三原村のヤマニ商店の仕事をしました。食料品の卸売でした。小型トラックの助手で、荷物を積んで助手席に乗り、小売店に配達しました。運転手の店員は、親切に仕事を教えてくれました。この二ヵ月は苦労もせず楽しく過ごしました。また二年生の頃、高等学校時代の林先生宅に時々伺いました。この頃林先生は、千倉町商工会で、経理の講演を月に一回ぐらいしておりました。私も一緒に、何回かついていきました。

二十九年三月に、学資金の都合で、二年修了で退学しました。残念でした。

平井計理事務所

大学を中退してから、館山市の職業安定所に何回か通いました。商店の募集広告を見ては何軒も伺いました。

そして平井計理事務所というところには、事務員募集日に伺いました。そこにはすでに五、六人集まっておりました。簿記の試験があり、二、三日後、採用通知がきました。私はここで、七年間あまり税理士補佐業務をしました。

最初の仕事は、帳簿記帳業務でした。各商店へ行った事務員が、伝票を起こしたり、仕訳表にもとづいて、帳簿記帳を行います。この仕事を半年ぐらい続けました。その後、商店を十軒ぐらい担当することになりました。約二年が過ぎて、私に補助員が三人つき、四十軒ぐらいを担当することになりました。

商店には、いろいろな職業がありました。

A商店は酒屋さんでした。主人は当時六十歳ぐらいの男性で、月一回伺う度、酒の匂いがプンプンしておりました。帳簿を調べてみますと、仕入れと売上げが同額ぐらいになっておりました。主人に店の酒を飲んでいますかと聞きましたら、チョットだけ飲みますと、答えました。近所の煙草屋で、酒屋のことを聞いたら、毎日酒を飲んで酔っているとのことでした。自家消費売上げを相当額計上しました。

B商店は、帳簿がよく作成されておりました。鯛煎餅の専門菓子店で、店で鯛煎餅を製造し販売しておりました。卸売もしておりました。自分の店が、鯛煎餅の元祖といい、いろいろと製造方法なども説明しておりました。

暇な時、その町を散歩したら、鯛煎餅の専門菓子店が数軒ありました。どこの店もみんな、元祖とか本家とか宗家とか看板が出ておりました。私は何となく楽しくなりました。

C商店は、旅館と料理店を兼業しておりました。私が伺った日は、時々駐留軍の兵士が三、四人でビールを飲んでおりました。六十歳前後の奥さんに、「ママさん、ママさん」といいながら、抱きついたり、頬にキスしたりしておりました。帳簿を調べて不明な箇所を質問すると、「私は数字を見ると頭が痛くなる」と奥さんは言って、寝込んでしまいました。仕方なく、板前をしている主人のところへ行くと、帳簿は女房が記帳しているから聞いてくれと帳簿整理も一苦労でした。

D商店は、金物店でした。店に伺うと、いつも七十歳ぐらいのおばさんが出て来ました。帳簿は嫁が預っておりますから聞いて下さいと、帳簿を調べて、月次試算表を作りました。やはり、仕入れと売上げが同額ぐらいでした。

旅費が非常に多いので、その訳を聞きました。主人は金物の出張販売をしているとのこと、お祭りが他町村にあると、トラックに一人で荷物を積んで行き、お祭り場所で店開きをするとのこと。二、三日旅先で宿泊して、また、次の町村のお祭りに店開きをする、転々と移動して商売するとのこと。

どこまで帳簿が真実に記帳されているか、見当がつきませんでした。お昼の食事が出され、おばさんが同伴しました。嫁さんの悪口ばかり聞かされました。毎日姑と一緒にいる嫁さんは、さぞかし辛かったことと思いました。

E商店は家庭電器製品の販売店でした。まず、テレビの仕入れ個数と売上個数と残高個数の数合わせでした。仕入れと売上げの漏れが多く。それに約束手形や先日付小切手が多く発行されており、当座預金通帳との照合が大変でした。それに値引きや返品がありました。さらに不明資料のことを聞くと、みんな書類が揃っているとの答えでした。帳簿整理に日数がかかり、先生に注意されました。

F商店は、床屋さんでした。夫婦で床屋を営んでおりました。店に座席が二台ありました。私が伺った時は、お客さんがいる時と、いない時がありました。

売上げが少なく、一日三人ぐらいの帳簿ができておりました。こんな状況では生活が大変でしょうと質問したら、本当にお客さんが少ないですとの答えでした。私はどこまで信用してよいかわかりませんでした。

平井先生は、マージャン遊びが好きでした。夕方になりますと、座敷にマージャン台を出しました。最初、覚えはじめは面白かったのですが、そのうち飽きてきました。

毎年一回旅行がありました。伊豆の修善寺、戸倉温泉、箱根温泉といろいろな所へ行きました。列車の中で、行きも帰りもマージャンをやり、旅館へ泊まってもやりました。マージャンをするために旅行したようなものでした。

七年近く勤務しましたが、安定した会社に就職したいと思い、三十五年十一月に退職しました。

森利シャツ工業

計理事務所に勤務している頃、電気商店の主人に、南三原村にシャツの縫製工場が建築されるとの話を聞き、電気商店の主人を通して、入社希望を申し込みました。三十五年十二月、東京都本所の森利商店に入社しました。

一ヵ月本店で倉庫整理をしておりました。三十六年一月から、南三原村のシャツ工場に経理課長として勤務しました。総務課長の根本さんは同時に入社し、十二月中一ヵ月間本店で仕事をし、一月に南三原村に行きました。

二人で時々、今度は定年までがんばりましょうと話合いました。工員を募集して、九十人ぐらい女性を採用しました。採用すると、すぐ実習に入りました。縫製会社から二、三人の先生が来て指導に当たりました。十人ぐらいを一組として、それを十組作り、前からシャツの一部分を縫って後ろに回す流れ作業です。私と根本さんは雑用係のように働きました。日曜日になりますと、森利商店から型取りした生地が運び込まれてきました。トラックが本店に帰るときは、出来上がった箱詰めのシャツを倉庫からトラックに積み込みました。朝は工員より一時間以上早く出勤し、夕方は工員が終わったあと、二時間あまり片付けをしました。私は疲労で病気になり、一月末に退職しました。定年まで勤めようとしたのに、二ヵ月で終わってしまいました。

松田屋

これといった職もなく半年あまり過ぎてしまいました。三十六年八月から館山市松田屋に就職しました。松田屋は楽器、運道具、図書、文具の販売店でした。

私はそこで楽器、運道具の販売担当になりました。

各小・中学校から楽器、運道具の購入申込を受けると、カタログを持ってそれぞれの学校へ伺いました。ヤマハ楽器教室が、館山市と鴨川町の幼稚園に開設されておりました。月に一回で、両教室共小学生が二十人ぐらい集まりました。勉強用のオルガンは、十台ぐらい幼稚園に置いてありました。先生はヤマハ楽器店に登録された人で、講師を依頼しました。音楽の時間に私も一緒に練習し楽しく過ごしました。

ピアノ調律士が年一回やって来ました。ヤマハピアノを売上げた家庭を廻りました。調律したあと、音楽をするかと思いましたら、何もしませんでした。調律をするだけでピアノは弾けないとのこと、一寸へんに感じました。

私はヤマハ楽器工場を見学したことがあります。

浜松市の楽器工場に入りました。広い野原に、板がたくさん重ね積みされておりました。ガイドの話によると、六、七年乾燥すると、板を加工しても曲がったりしないとのこと。

グランドピアノ工場に入りますと、線路上にピアノが何台も並べられ、次々と部品が付けられていきました。

ハーモニカ工場では、ベルトコンベアの上を半製品のハーモニカが、ゆっくりと移動して行き、女子工員がベルトに沿って一列に並び、一部品を付け次に回しておりました。

松田屋は、三十七年七月で退社しました。

拓殖大学入社

三十七年八月、館山高校時代の林先生の紹介で、拓殖大学に事務員として入社しました。林先生はすでに税理士の資格を持っており、総務課長として入社し、私は経理課勤務となりました。私が拓殖大学に就職できたのは、林先生のお陰と感謝しております。

当時理事長の親戚の人が事務局長で、林先生とは学生時代からの友人とのことでした。

私の業務は、当初会計帳簿の記帳でした。その後予算や決算業務をしておりました。

私は昭和三十九年四月に、拓殖大学商学部三年に編入し、夜間短大生に交ざって勉強し、単位を取り、四十一年三月に、商学部を卒業しました。私はその時三十八歳でした。

その後定年で退職するまで、三十年あまり勤務しました。

その間記憶に残っている話題を、二、三取り上げてみました。

宿直当番

私が入社した頃、宿直当番制度がありました。六畳敷の宿直室があり、男性職員が二人で組み、週に一回ぐらい泊まりました。業務は夕方六時から翌朝八時までの勤務でした。短期大学の授業が夜九時頃終了してから、教室の異常の有無の点検を行い施錠します。その後、各事務室に施錠しました。夜中の十二時頃と、翌朝四時頃に各室を点検しました。

翌朝六時頃、宿直室の窓をトントンと叩く学生がいたので、何事かと理由を聞きますと、早く教室を開けて下さいといい、早く教室に入って前の席に座り、出席カードを提出すると、成績に出席回数が加算されるとの話でした。一時限目の授業は、必ず出席を取る先生がおりました。

当時大学は、表門と裏門が開放されておりました。春や夏の夕方校庭を散歩したり、男女の二人づれが休んだりするのをよく見かけました。その後警備会社に依頼して、両門に守衛を置くことになりました。宿・日直は守衛が行うことになり、この宿・日直制度は廃止となりました。

学生海の家

学生健康保険組合で、毎年夏になりますと、海の家を二ヵ月間開設しました。契約時に数十万円を支払い、学生は一泊二食付で千五百円ぐらいでした。

海の家は、伊豆半島南伊豆町で小浦というところでした。そこには学生健康保険組合の役員二十人ぐらいの学生と何回も行きました。普通貸切りバスで、大学を出発し伊豆の土肥町を通り海岸沿いの南伊豆町に行きました。

帰りは、例年小田原に寄り、蒲鉾を買って来ました。ある年、沼津市から船で土肥町まで行ったことがあります。海から見える海岸は、絶壁ですばらしい景色でした。学生達は船の甲板に出て、騒いでおりました。

私は気持ちが悪くなり吐いてしまいました。その後一緒に乗った学生も、約半数ぐらいは吐いていました。

またある年、一年生の健保役員が、酒を飲んで酔いつぶれ、騒ぎ出しました。二時間くらい過ぎてやっと寝込みました。面倒をみた学生が腹が立ったと、顔に墨でいたずら書きをしました。その学生は、翌朝顔も洗わず食卓に付きました。学生みんなは、知らぬ顔をしていました。宿の奥さんは学生の顔を見てびっくりしていました。その後その学生は、四年卒業の時まで、健保組合の業務をしました。

時折海の家の話をすると、先生その話は秘密にして下さいといいました。

北海道出張

四十年過ぎ、北海道深川市に、地元の協力で北海道拓殖短大を設置することになりました。設置認可申請のため、小学校跡地の校舎を大修理しました。私は財務関係書類の作成をしました。その後私は年一回、四、五年会計士の先生に同伴して出張しました。その他にも会計書類作成のため何回か出張しました。

出張はいつも飛行機で行きました。羽田空港から千歳空港へ行き、札幌を通って深川市へ行きました。飛行機が青森市上空から高度を下げ、千歳空港へ降りる時、いつも飛行機がガタガタ震えました。私は怖くて飛行機に乗るのが嫌でした。地上に着くと全身の力が抜けるようでした。出張した時は、ほとんど旭川市に宿泊しました。

八王子校舎

昭和三十八年頃、大学で八王子市に三十万坪くらいの山林を購入しました。地主は主として森林組合でした。中に私有地が点在しておりました。私有地の購入交渉は、特別班の人が当たりました。山林の土地が開発されるまで、十年ぐらい経過しました。昭和五十一年頃までに、十万坪くらいが開発され校舎が建築されました。

私は五十一年六月から、八王子校舎勤務となりました。毎日朝七時に家を出発し、九時までに大学へ着きました。私の主な業務は、八王子校舎の経理、学生の男子寮・女子寮の経理でした。その他、拓大一高の事務長や、入学試験監督、学生募集、学生自動車駐車場管理の手伝いなどで、退職するまでほとんど八王子校舎勤務でした。

あとがき

私は事務職員として、拓殖大学を定年で退職できたことを有り難く思っております。また、農村の片田舎で育った私には、子供の頃大学へ入学することなど、夢にも見たことがありませんでした。

拓殖大学で卒業証書を手にした時、私は、苦しく、永かった勉学時代を振り返り、感無量でした。

私が出会った数多くの方々は、私の勉学と仕事に対する熱意と努力を理解し、協力と援助の手を差し延べて下さったこと、深く感謝しております。

私は障害者として、健康な人と比べず、自分の志した道程を一歩ずつ歩き続けて来ました。

私の生き方が、何かの参考になれば、とこの本を書きました。

今回、無名な私の作品が、初めて文芸社から出版されることになりました。出版に際しましては、出版企画関係や、出版にかかわった多数の方々が協力されたこと、厚く御礼申し上げます。話に聞きますと、出版業界は、今、競争が激しいそうです。このような時に協力出版を選定して下さった文芸社に、深く感謝致します。

二〇〇〇年　七月

著者プロフィール

佐藤　盛（さとうもり）

昭和３年　千葉県和田町生まれ
昭和41年　拓殖大学商学部卒業
平成５年　拓殖大学定年退職

「テコネ」の障害者

2000年10月1日　初版第１刷発行

著　者　佐藤　盛
発行者　瓜谷綱延
発行所　株式会社文芸社
〒112-0004　東京都文京区後楽2－23－12
電話03-3814-1177（代表）
03-3814-2455（営業）
振替00190-8-728265

印刷所　株式会社平河工業社

乱丁・落丁本はお取り替えします。
ISBN4-8355-0823-8 C0095